Ernst Günter Tange

Zitatenschatz für die perfekte Sekretärin

Geh in deiner Arbeit auf, nicht unter!

Eichborn.

Kuno Bärenbold gewidmet

Ich weiß, er hat Bücher geschrieben. Aber meine Güte, kein Mensch ist vollkommen.

Anonym

Inhalt

Arbeitsregel Nr. 1:
Reg dich nicht über Kleinigkeiten auf!

Arbeitsregel Nr. 2:
Alles sind Kleinigkeiten

Die Sekretärin und ihr Chef

Die ideale Sekretärin denkt wie ein Mann, benimmt sich wie eine Dame und arbeitet wie ein Pferd. *Anonym*

Die ideale Sekretärin ist eine rechte Hand, die alles mit der linken Hand erledigt. *Anonym*

Der beste Schutz gegen die Managerkrankheit ist eine gute Sekretärin. *Ferdinand Sauerbruch*

Sekretärinnen haben selten Vollmacht, dafür aber oft Allmacht. *Arthur Miller*

Sekretärin:
eine Dame in jüngeren Jahren, die dafür bezahlt wird, daß sie im Büro arbeitet, während sie einen Mann sucht. *Anonym*

Je mehr man wie der Chef denkt, desto schneller macht man Karriere. *Anonym*

Dem Chef könnte nichts Schlimmeres passieren, als daß seine Sekretärin sich ein Beispiel an ihm nähme. *Bürospruch*

Mein Chef versteht mich nicht, ich verstehe meinen Chef nicht, sonst haben wir nichts gemeinsam. *Bürospruch*

Aus Fehlern lernt man. Mein Chef macht keine Fehler. *Bürospruch*

Der im Vorzimmer endlos wartende Bittsteller zur Sekretärin: »Ist es nicht herrlich, gemeinsam alt zu werden?« *Anonym*

Die Zeit, in der sich Sekretärinnen am besten erholen, ist nicht ihr Urlaub, sondern der des Chefs. *Robert Lembke*

Die Mini-Mode war das Paradies der Sekretärinnen. Jetzt achten die Chefs wieder mehr auf die Rechtschreibung. *Aus einem Industrie-Kalender*

Den idealen Chef erkennt man daran, daß er seine Sekretärin relativ selten mit seiner Frau betrügt. *Anonym*

Finanzamt: eine Institution, die bewirkt hat, daß Reisende nicht mehr ihre Sekretärin als Ehefrau, sondern ihre Ehefrau als Sekretärin ausgeben. *Anonym*

Der taktvolle Chef küßt seine Frau niemals in Gegenwart der Sekretärin. *Wolfgang Gruner*

Nichts können Sekretärinnen ihrem Chef schwerer verzeihen als die Tatsache, daß er mit seiner Frau glücklich ist. *Irene Thorell*

Wenn Frauen wüßten, was Sekretärinnen von ihren Chefs denken, hätten sie eine Sorge weniger. *Danny Kaye*

Eine Sekretärin sagte zu ihrem ewig nörgelnden Chef: »Wenn ich so perfekt wäre, wie Sie es von mir verlangen, würde ich garantiert nicht bei Ihnen arbeiten.« *Anonym*

Der Chef ist mit seiner neuen Sekretärin unzufrieden. »Sie schreiben langsam, Sie rechnen langsam, Sie telefonieren langsam. Gibt es eigentlich etwas, was bei Ihnen schnell geht?« – »Doch, ich werde schnell müde.« *Anonym*

Ein Chef sagte zu seiner Sekretärin: »Schreiben Sie darüber: ›Streng vertraulich‹. Ich möchte, daß es jeder im Büro liest.« *Anonym*

Eine Chefsekretärin klagte, sie habe so viel Arbeit, daß sie nie fertig werde, der Tag sei einfach zu kurz. Eine gute Freundin riet ihr: »Gib das Rauchen auf! Dann nimmt der Tag kein Ende.« *Anonym*

Die Chefsekretärin legt das Sitzungsprotokoll vor, und der Chef fügt 16 Kommata ein. Dann geht er beschwingt nach Haus. Er hat wieder mal Zeichen gesetzt. *Anonym*

Die Chefsekretärin liegt im Krankenhaus und bekommt den Besuch einer Kollegin. Sorgenvoll erkundigt sie sich: »Geht im Büro alles klar?« – »Aber sicher, wir haben deine Arbeit aufgeteilt. Claudia kocht Kaffee – Birgit strickt deinen Pullover weiter – Stephanie löst die Kreuzworträtsel – und ich schlafe mit dem Chef.« *Anonym*

Wer seinem Chef den Vogel zeigt, muß damit rechnen, daß er fliegt. *Anonym*

Eine Sekretärin sagte triumphierend zu ihrem Chef: »Was glauben Sie, Sie fetter Leuteschinder, wer morgen heiratet?« *Anonym*

Erinnerungen einer Sekretärin: »Mein Chef war der taktvollste, den ich je hatte. Er warf mich mit den Worten hinaus: ›Ich weiß nicht, wie wir ohne sie fertig werden sollen. Aber ab Montag wollen wir's versuchen.‹« *Anonym*

Was die perfekte Sekretärin auszeichnet

Nicht kritisieren – **für Abhilfe sorgen**. Nörgeln kann jeder. *Henry Ford*

Es genügt nicht, ein **anständiger Mensch** zu sein. Man muß es auch zeigen. *Honoré de Balzac*

Arbeitswut:
Rezeptfreies Betäubungsmittel, das durch fortgesetzten Gebrauch zur Gewöhnung und schließlich zur Sucht führen kann. *Ron Kritzfeld*

sicheres Auftreten:
nichts anderes als die Fähigkeit, sich sein Unbehagen nicht anmerken zu lassen. *Anonym*

Bescheidenheit:
die Kunst, andere zu veranlassen, das Gute zu sagen, das man nicht wagen würde, von sich selbst zu sagen. *Anonym*

– die Kunst, andere herausfinden zu lassen, wie wichtig man ist. *Anonym*

– eine Tugend, die man vor allem an anderen schätzt. *François de La Rochefoucauld*

Man muß schon **etwas Besonderes** an sich haben, wenn man bemerkt werden will. Der Turm von Pisa wäre gewiß nicht so berühmt, wenn er gerade stünde. *Otis Skinner*

Diskretion:
die Kunst, Geheimnisse so auszuplaudern, daß das Siegel der Verschwiegenheit unverletzt bleibt.
Anonym

Effizienz ist keine Frage der Zeit. Nur Dummköpfe machen regelmäßig Überstunden.
Lee Iacocca

Wenn du eine **Entscheidung treffen** mußt und triffst sie nicht, ist das auch eine Entscheidung.
William James

Ein **Erfolg** läßt eine Unzahl von Fehlleistungen vergessen. *George Bernard Shaw*

Gehirn:
eine fabelhafte Sache – es fängt zu arbeiten an, sobald man aufsteht, und hört erst auf, wenn man im Büro ist. *Anonym*

Zu **guten Beziehungen** kommt man am schnellsten, wenn man den Anschein erweckt, sie zu besitzen. *Sigmund Graff*

Gute Erziehung besteht darin zu verbergen, wieviel wir von uns selber halten und wie wenig von den anderen. *William Somerset Maugham*

»Ich muß **etwas tun**« wird stets mehr Probleme lösen als »Es muß etwas getan werden«. *Anonym*

Man braucht sehr viel **Geduld**, um diese zu lernen. *Kurt Tucholsky*

Geheimhaltung:
Methode zur schnellsten Verbreitung betriebsinterner Neuigkeiten. *Michael Schiff*

Erlaubt ist, was **gelingt.** *Max Frisch*

Grundsätze sind das Höchste, was es gibt. Grundsätze muß man so hoch halten, daß man unter Umständen auch einmal darunter durchkriechen kann. *Michael Horlacher*

Es ist besser, hohe **Grundsätze** zu haben, die man befolgt, als noch höhere, die man außer acht läßt. *Albert Schweitzer*

Gut gemacht ist besser als gut gesagt. *Benjamin Franklin*

Höflichkeit:
ein Minimum an Unaufrichtigkeit, das von jedem verlangt werden kann. *Hans Krailsheimer*

Der Nachteil der **Intelligenz** besteht darin, daß man gezwungen ist, ununterbrochen dazuzulernen. *George Bernard Shaw*

Der Vorteil der **Klugheit** besteht darin, daß man sich dumm stellen kann. Das Gegenteil ist schon schwieriger. *Kurt Tucholsky*

Glück kann man im Beruf nur einmal, höchstens zweimal haben. Beim dritten Mal muß schon **Können** dabei sein. *Kurt Felix*

Ein **Kompliment** darf keine Lüge sein, sondern nur eine liebenswürdige Übertreibung.
Winona Ryder

Wer **lächelt** statt zu toben, ist immer der Stärkere. *Japanische Weisheit*

Leistung allein genügt nicht. Man muß auch jemanden finden, der sie anerkennt. *Marcel Mart*

Um sich selbst **ins richtige Licht** setzen zu können, muß man die anderen in den Schatten stellen. *Gerhard Uhlenbruck*

Das Geheimnis jeder **Macht** besteht darin, zu wissen, daß andere noch feiger sind als wir.
Ludwig Börne

Jeder Mensch hat ein Recht auf meine **Meinung.**
Bürospruch

Der größte Luxus ist eine eigene **Meinung**, nur wenige leisten sich ihn. *Peter Bamm*

Leute mit **Mut und Charakter** sind den anderen Leuten immer sehr unheimlich. *Hermann Hesse*

Wer **Ordnung** hält, ist nur zu faul zum Suchen.
Anonym

Ordnung ist das Durcheinander, an das du dich gewöhnt hast. *Anonym*

Ordnung ist, wenn man sofort weiß, wo man gar nicht erst zu suchen braucht. *Anonym*

Ordnung ist, wenn man etwas findet, was man gar nicht sucht. *Bürospruch*

Ordnung ist die Lust der Vernunft, aber Unordnung ist die Wonne der Phantasie. *Bürospruch*

Pflichtbewußtsein:
etwas, das man von anderen erwartet. *Anonym*

Pünktlichkeit:
eine Tugend, die wenig einbringt, weil in der Regel niemand da ist, der sie bemerken könnte.
Anonym

– die Kunst, sich so zu verspäten, daß man immer noch früher da ist als die andern. *Monika Peitsch*

Subordination:
die Fähigkeit, um zwei Grad dümmer zu erscheinen, als der nächste Vorgesetzte tatsächlich ist.
Anonym

Toleranz ist gut. Aber nicht gegenüber den Intoleranten. *Wilhelm Busch*

Toleranz heißt, die Fehler des anderen entschuldigen. **Takt** heißt, sie nicht bemerken.
Arthur Schnitzler

Für das Können gibt es nur einen Beweis: das **Tun.** *Marie von Ebner-Eschenbach*

Was immer Frauen tun, sie müssen es **zweimal besser tun** als Männer, damit man sie für halb so gut hält. Glücklicherweise ist das nicht allzu schwer. *Charlotte Whitton*

Innere **Überlegenheit:**
Eigenschaft, die unsere Mitmenschen unglaublich oft übersehen. *Helmar Nahr*

Überzeugungskraft:
die Kunst, eine Sache so einseitig darzustellen, daß man alle anderen Seiten vergißt. *Ron Kritzfeld*

Frauen sind gut im **Verhandeln**. Meistens bekommen sie das, was sie haben wollen – vor allem, weil sie nicht sagen, was es ist. *Victoria Principal*

Es gibt bereits alle **guten Vorsätze.** Wir brauchen sie nur noch anzuwenden. *Blaise Pascal*

Die Pflicht zum **Widerspruch** ist im Gehalt inbegriffen.

Theodor Heuss zu einem Beamten im Bundespräsidialamt

Zuhören können ist der halbe Erfolg.

Calvin Coolidge

Das Geheimnis des Erfolges

Das Geheimnis des Erfolges? Anders sein als die anderen. *Woody Allen*

Erfolg:
im Grunde nichts anderes als die Überwindung der Angst vor dem Versagen. *Anonym*

– der Sieg der Einfälle über die Zufälle. *Anonym*

– die einzige unverzeihliche Sünde gegen unsere Mitmenschen. *Ambrose Bierce*

– so ziemlich das Letzte, was einem vergeben wird. *Truman Capote*

– die Kunst, Fehler zu machen, die kein anderer bemerkt. *Martin Jente*

– eine unberechenbare Mischung aus Talent, Glück und Arbeit – und oft auch ein Mißverständnis. *Carl Zuckmayer*

Erfolge zählen, Mißerfolge werden gezählt.
Bürospruch

Wenn du einmal Erfolg hast, kann es Zufall sein. Wenn du zweimal Erfolg hast, kann es Glück sein. Wenn du dreimal Erfolg hast, so ist es Fleiß und Tüchtigkeit. *Aus der Normandie*

Viele Menschen meinen, um Erfolg zu haben, müsse man nur früh genug aufstehen. Aber sie irren sich: Man muß auch gut gelaunt aufstehen.
Marcel Achard

Anständige Menschen zeigen oft ein bißchen Feigheit, eine kleine Schwäche. Nur Schurken sind vom Erfolg überzeugt. Und deswegen haben sie Erfolg. *Charles Baudelaire*

Erfolg hat nur der, der etwas tut, während er auf den Erfolg wartet. *Thomas Alva Edison*

Um Erfolg zu haben, mußt du den Standpunkt des anderen einnehmen und die Dinge mit seinen Augen betrachten. *Henry Ford*

Das Schwierige am Erfolghaben ist eben, daß man ihn jeden Tag wieder haben muß. *Hans Kilian*

Ein Erfolgsrezept gibt es nicht, wohl aber ein Mißerfolgsrezept: Versuche, allen zu gefallen.
Jack Lemmon

Erfolg hat man, wenn man zur richtigen Zeit am richtigen Ort das Richtige tut – und möglichst auch noch vor den richtigen Leuten. *Ute Lemper*

Wenn du Erfolg haben willst im Leben, stelle dich immer ein wenig dümmer als jene, die dir den Erfolg bereiten können. *Wilhelm Lichtenberg*

Manch einer verdankt seinen Erfolg den Ratschlägen, die er von anderen nicht angenommen hat. *Ferenc Molnár*

Erfolgreich ist der Mensch, wenn er bei 100 Entscheidungen 51mal das Richtige trifft.
John Pierpont Morgan

Erfolgreiche Menschen machen die Fehler dann, wenn niemand hinschaut. *Alfred Oder*

Um Erfolg zu haben, muß man aussehen, als habe man Erfolg. *Valentin Polcuch*

Die **Karriere** zimmert man sich am besten aus den Brettern, die andere vor dem Kopf haben.
Anonym

Es gibt zwei Arten, Karriere zu machen: durch das eigene Können oder durch das Nichtkönnen der anderen. *Anonym*

Am besten macht man Karriere, wenn man für jemanden arbeitet, der Karriere macht.

Marion S. Kellogg

Zur Karriere gehört, daß man den Eindruck vermittelt, mit der derzeitigen Aufgabe nicht voll ausgelastet zu sein und noch andere und schwerere Aufgaben übernehmen zu können.

Werner Kneip

Wer Karriere machen will, muß Menschen behandeln, als seien sie so wichtig, wie sie denken, daß sie sind. *Robert Lembke*

Es gibt zwei Wege für den **Aufstieg**: Entweder man paßt sich an oder man legt sich quer.

Konrad Adenauer

Aufsteiger-Regel: Man sollte die Dinge so nehmen, wie sie kommen. Aber man sollte auch dafür sorgen, daß die Dinge so kommen, wie man sie nehmen möchte. *Curt Goetz*

Beim gesellschaftlichen Aufstieg empfiehlt es sich, freundlich zu den Überholten zu sein. Man begegnet ihnen beim Abstieg wieder. *Jo Herbst*

Wer immer strebend sich bemüht, der kennt die Tricks noch nicht, wie man nach oben kommt.

Anonym

Am schnellsten kommt man auf dem Steckenpferd des Vorgesetzten voran.

Rumänisches Sprichwort

Fortschritt ist nur möglich, indem man intelligent gegen die Regeln verstößt. *Boleslaw Barlog*

An seinen Feinden rächt man sich am besten dadurch, daß man besser wird als sie. *Diogenes*

Der Mensch weiß erst dann, was er leisten kann, wenn er es versucht. *Ugo Foscolo*

Wenn man einmal im Leben mit dem Zweitbesten vorlieb nimmt, dann erreicht man immer wieder nur das Zweitbeste. *John F. Kennedy*

Einen Vorsprung im Leben hat, wer da anpackt, wo die anderen erst einmal reden. *John F. Kennedy*

Frauen müssen immer ein bißchen besser sein als Männer in der gleichen Situation.

Fides Krause-Brewer

Man kann es auf zweierlei Art zu etwas bringen: durch eigenes Können oder durch die Dummheit der anderen. *Jean de La Bruyère*

Um es in der Welt zu etwas zu bringen, muß man tun, als habe man es zu etwas gebracht.
François de La Rochefoucauld

Mit einigem Geschick kann man sich aus den Steinen, die einem in den Weg gelegt werden, eine Treppe bauen. *Robert Lembke*

Wir sind nicht nur verantwortlich für das, was wir tun, sondern auch für das, was wir unterlassen. *Molière*

Wer sich beklagt, daß er zuviel zu tun hat, beweist, daß er nicht organisieren kann. Napoleon hätte es nie abgelehnt, Spanien zu erobern, mit der Begründung, er sei überlastet.
Walther Rathenau

Die Chance klopft öfters an, als man meint, aber meistens ist niemand zu Hause. *Will Rogers*

Man bekommt leicht, was man will, wenn man weiß, was man will. *Martin Scorsese*

Der Chef, das unbekannte Wesen

Chef:
ein Mensch wie alle anderen. Er weiß es nur nicht. *Anonym*

– ein Mann, der früh kommt, wenn man zu spät ist, und spät kommt, wenn man früh ist. *Anonym*

– der während der Kaffeepause auf die Uhr sieht. *Anonym*

– ein Mensch, der es versteht, mit den Köpfen anderer Leute zu denken. *Bernard Fox*

– das ist nicht der, der etwas tut, sondern der, der das Verlangen weckt, etwas zu tun. *Edgar Pisani*

– einflußreiche Persönlichkeit im Betrieb, die angenehme Dinge den Arbeitnehmern selbst mitteilt, unangenehme aber durch Dritte mitteilen läßt. *Michael Schiff*

Motto des Chefs:
Montag**m**orgens **m**üde **M**itarbeiter **m**it **M**eckern **m**unter **m**achen. *Anonym*

Es gibt Chefs, die behandeln ihre Mitarbeiter wie rohe Eier – sie hauen sie täglich in die Pfanne.

Anonym

Übrigens ist nur etwa jeder hundertste Mensch ein Chef, aber auch nur etwa jeder hundertste Chef ist ein Mensch. *Anonym*

Es spricht häufig gegen die Qualität des Chefs, wenn er in Einzelheiten zu gut Bescheid weiß!

Anonym

Es gibt keine gute Idee, die der Chef nicht schon mal gehabt hat! *Anonym*

Demokratische Führung: wenn der Chef um Zustimmung zu Entscheidungen bittet, die er längst getroffen hat. *Anonym*

Unser Chef ist völlig unbestechlich. Er nimmt nicht einmal Vernunft an. *Anonym*

Es ist seltsam, wie wenige Chefs wissen, daß man fast immer in großen Dingen seinen Willen durchsetzen kann, wenn man in kleinen nachgibt.

Anonym

Ist der Chef nicht da, entscheidet sein Stellvertreter. Ist der auch nicht da, entscheidet der gesunde Menschenverstand. *Bürospruch*

Manche Chefs muß man einfach gern haben – sonst fliegt man raus. *Bürospruch*

Jeder Chef hat Mitarbeiter, auf die er zählen kann, und solche, mit denen er rechnen muß.
Deutsche Pfandbriefanstalt

Manche Chefs lassen ihre Mitarbeiter bereits bei der Auftragserteilung merken, daß sie davon überzeugt sind, die Arbeit am Ende selbst übernehmen zu müssen. *Günther F. Gross*

Wenn ein Chef alles selbst machen will, braucht er sich nicht zu beklagen, daß er schließlich alles selbst machen muß. *Henri Nannen*

Über dem Schreibtisch eines Chefs, der an Ordnungsfimmel leidet, montiert man am besten einen Ventilator. *Ugo Tognazzi*

Der Chef hat ganz andere Sachen im Kopf, als das Personal denkt. Vor allem denkt er gar nicht soviel an das Personal, wie das Personal annimmt. *Kurt Tucholsky*

Der Chef organisiert von Zeit zu Zeit den Betrieb völlig um. Das schadet aber nichts, weil ja doch alles beim alten bleibt. *Kurt Tucholsky*

Nicht das Handy ist das Erfolgssymbol für **Manager**, sondern der Schlüssel zur Privattoilette und die Sekretärin, die sagt: »Der Herr Direktor ist nicht im Hause.« *Umberto Eco*

Manager verstehen es dann, gut zu führen, wenn Mitarbeiter deren Ideen so begeistert verwirklichen, als wären sie selbst darauf gekommen. *Peter Gillies*

Direktor:
ein Mann, der die Besucher empfängt, damit die Angestellten ungestört arbeiten können. *Anonym*

– jemand, der zwei Stunden zu Tisch gehen kann, ohne vermißt zu werden. *Anonym*

Abteilungsleiter:
männlicher Angestellter, der sich seinen Kaffee nicht mehr selbst aufbrühen muß. *Michael Schiff*

Wer glaubt, daß ein Abteilungsleiter eine Abteilung leiten kann, glaubt auch, daß ein Zitronenfalter Zitronen falten kann. *Anonym*

Vorgesetzter:
ein Mensch, der sich zurückgesetzt fühlt, wenn er nicht vorgezogen wird. *Anonym*

Drei Charaktere hat mancher Vorgesetzte: einen, den er hat, einen, den er zeigt, und einen, den er zu haben glaubt. *Anonym*

Zivilcourage: das, was von einem Menschen übrigbleibt, wenn der Vorgesetzte das Zimmer betritt. *Wernher von Braun*

Was nützt es dir, die Wünsche deines Vorgesetzten erraten zu haben, wenn er die Wünsche seines Vorgesetzten nicht erraten hat?
Wieslaw Brudzinski

Gehorchen wird jeder mit Genuß den Frauen, den hochgeschätzten; hingegen machen uns meist Verdruß die sonstigen Vorgesetzten.
Wilhelm Busch

Ein Untergebener lernt seinen Vorgesetzten von Tag zu Tag besser kennen, aber er läßt es ihn nicht merken. *Ernst R. Hauschka*

Mit einem Vorgesetzten ist es wie mit der Müdigkeit: Man kann sich beiden nicht auf Dauer widersetzen. *Ernst R. Hauschka*

Die ganze Kunst der so schwierigen Menschenführung besteht darin, seine Untergebenen so zu behandeln, wie man selbst von seinem Vorgesetzten behandelt werden möchte. *Richard Nixon*

Den Charakter eines Menschen erkennt man erst dann, wenn er Vorgesetzter geworden ist.
Erich Maria Remarque

Der beste Vorgesetzte ist derjenige, der sich mit sicherem Instinkt gute Leute aussucht, die tun, was er getan haben möchte, und genügend Selbstbeherrschung besitzt, um sich nicht einzumischen, solange sie es tun. *Theodore Roosevelt*

Es ist ein Irrtum, wenn man glaubt, langsame Mitarbeiter würden schneller, wenn man sie zur Schnecke macht. *Anonym*

Die Nummer eins zu werden ist leichter, als sie zu bleiben. *Anonym*

Arriviert ist, wer es sich leisten kann, im Büro genauso mufflig zu sein wie daheim am Frühstückstisch. *Anonym*

Ich habe keine Schwierigkeiten mit der Delegation, sagte er; die angenehmen Dinge entscheide ich, die unangenehmen überlasse ich meinen Mitarbeitern. *Anonym*

Es ist nicht nötig, den Boß zu verstehen, vertragen muß man sich mit ihm. *Bürospruch*

Heutzutage muß man seine Leute motivieren, anbrüllen allein nützt nichts mehr. *Bürospruch*

Gute Umsätze sind ausschließlich dem Chef zu verdanken. Fehlschläge verursachen nur die Mitarbeiter. *Horst Hartmann*

Zu den schönsten menschlichen Tätigkeiten gehört es, anderen sagen zu dürfen, was richtig ist, ohne dies selbst tun zu müssen.

Manfred Rommel

Alles selbst machen zu wollen, ist das Kennzeichen des Unbegabten. *Richard von Schaukal*

Wer die erste Geige spielen will, muß immer den richtigen Ton treffen. *Gerhard Uhlenbruck*

Selbsterkenntnisse einer Sekretärin

Chancen gehen nie verloren. Die man selbst versäumt, nutzen andere. *Anonym*

Wer den Kopf in den Sand steckt, darf sich nicht wundern, wenn er in den Hintern getreten wird. *Anonym*

Wenn man genügend Leute fragt, findet man immer jemanden, der einem das rät, was man ohnehin vorhatte. *Anonym*

Man kann niemanden überholen, in dessen Fußstapfen man tritt. *Anonym*

Wenn du von jemandem glaubst, er fresse dir aus der Hand, dann tust du gut daran, von Zeit zu Zeit deine Finger nachzuzählen. *Anonym*

Zuzugeben, daß man im Unrecht ist, ist schwer – aber noch schwerer ist es, den Mund zu halten, wenn man recht hat. *Anonym*

Einen Fehler zu machen ist bitter; aber noch bitterer ist die Erkenntnis, wie unwichtig wir sind, wenn er niemandem aufgefallen ist. *Anonym*

Selten kommen einem so gute Einfälle wie nach dem Zukleben eines Briefes. *Anonym*

Nichts auf Erden ist so schwer zu halten wie der Mund. *Ewald Balser*

Wenn wir unsere Feinde hassen, geben wir ihnen eine große Macht über unser Leben: Macht über unseren Schlaf, unseren Appetit, unsere Gesundheit und unsere Geistesruhe. *Andrew Carnegie*

Man löst keine Probleme, indem man sie auf Eis legt. *Winston Churchill*

Niemals fühlt man sich einsamer als in großer Gesellschaft. *Herbert Eulenberg*

Wer immer nur tut, was er schon kann, bleibt immer nur das, was er schon ist. *Henry Ford*

Nur wer sich selbst imponiert, imponiert auch anderen. *Heiner Geißler*

Man kann die Erfahrung nicht früh genug machen, wie entbehrlich man in der Welt ist.
Johann Wolfgang von Goethe

Jedenfalls ist es besser, ein eckiges Etwas zu sein, als ein rundes Nichts. *Friedrich Hebbel*

Der Neid ist der Schatten, den der Erfolg wirft. *Robert Lembke*

Wir beurteilen uns danach, was wir uns zutrauen; andere beurteilen uns danach, was wir bereits getan haben. *Henry Wadsworth Longfellow*

Es ist reine Zeitverschwendung, etwas Mittelmäßiges zu tun. *Madonna*

Man kann die Welt oder sich selbst ändern. Das zweite ist schwieriger. *Mark Twain*

Kleine Taten, die man ausführt, sind besser als große, die man plant. *George Marshall*

Magengeschwüre bekommt man nicht von dem, was man ißt, man bekommt sie von dem, wovon man aufgefressen wird. *Lady Mary Montagu*

Einem anderen eine Freude zu machen kann so viel Vergnügen bereiten, daß man ihm am liebsten dafür danken möchte. *Henry de Montherlant*

Gleichgültigkeit gegenüber abfälliger Kritik ist vielleicht nicht gerade eine Form von Bescheidenheit, aber sie ist gut für die Gesundheit.

Vladimir Nabokov

Man wird nicht dadurch besser, daß man andere schlechtmacht. *Heinrich Nordhoff*

Bei jeder Streitfrage gibt es zwei Standpunkte: den eigenen und den falschen. *Channing Pollock*

Es gibt Zeiten, in denen uns alles gelingt. Aber man braucht nicht zu erschrecken, das geht schnell vorüber. *Jules Renard*

Wer den Kopf hängen läßt, reizt zu weiteren Nackenschlägen. *Gerhard Uhlenbruck*

Häufig leidet man daran, daß man zwar viel Arbeit, aber keine Aufgabe hat.

Hellmut Walters

Wie du aussiehst, so wirst du angesehen.

Carl Zuckmayer

Die lieben Kollegen...

Kollege:
einer, der ohne jede Eignung unerklärlicherweise dasselbe macht wie man selbst. *Anonym*

Kollegen:
Leute, die jahrelang zusammen arbeiten und leben, aber über die anderen meist nur gerüchteweise Bescheid wissen. *Gerhard Polt*

Der neue Kollege ist gleich am ersten Arbeitstag eingeschlafen. »Donnerwetter«, meint staunend die Sekretärin, »der hat sich aber schnell eingearbeitet!« *Anonym*

Niemand trägt beim Betriebsausflug so viel zur Unterhaltung bei wie die Kollegen, die nicht dabei sind. *Anonym*

Es gibt Kollegen, die wissen nichts gut, aber alles besser. *Anonym*

Mitarbeiter, die morgens später kommen, werden gebeten, scharf rechts zu gehen, damit sie mit den Kollegen, die nachmittags früher gehen, nicht zusammenstoßen. *Bürospruch*

Mancher Kollege ist zu allem bereit, aber zu nichts zu gebrauchen. *Bürospruch*

Der liebe Gott sieht alles, die Kollegen noch viel mehr. *Bürospruch*

Ich kenne eine Kollegin, die glaubt, sie könne jeden Mann kriegen, den sie will. Das kommt daher, daß sie jeden will, den sie kriegen kann.
Robert Lembke

Ich kenne einen Kollegen, der den Mund nur aufmacht, wenn er nichts zu sagen hat.
Robert Lembke

Ich kenne einen Kollegen, dessen Mund – offen gestanden – schon viel Unheil angerichtet hat.
Robert Lembke

Seit Elvira gelesen hat, daß Unpünktlichkeit eine Alterserscheinung ist, ist sie jetzt die erste im Büro. *Anonym*

Das Gute an **Egoisten** ist, daß sie nicht über andere Leute reden. *Anonym*

Fünf **Flaschen** im Keller sind relativ wenig. Fünf Flaschen im Büro sind relativ viel. *Bürospruch*

Langweiler:
entweder solche, die immer von demselben reden, oder solche, die gar nichts reden. *Anonym*

– ein Mensch, der redet, wenn du wünschst, daß er zuhört. *Ambrose Bierce*

– ein Mensch, der so viel über sich redet, daß wir nicht dazu kommen, über uns zu reden.
Melville D. Landon

Mancher hält sich für eine **Leuchte** und hat doch keinen blassen Schimmer. *Anonym*

Es gibt drei Gruppen von **Mitarbeitern:** Haie, Haifischfutter und Menschen, die gelernt haben, mit den Haien zu schwimmen, ohne gefressen zu werden. *Harvey Mackay*

Es gibt zwei Arten von Mitarbeitern, aus denen nie etwas Richtiges wird: diejenigen, die nie tun, was man ihnen sagt, und diejenigen, die nur tun, was man ihnen sagt. *Christopher Morley*

Nörgler:
jemand, der unsere Arbeit kritisiert.
Ambrose Bierce

Opportunist:
ein Jenachdemer. *Wilhelm Busch*

Teamwork:
eine Verschwörung der Mittelmäßigkeit.
David Ogilvy

Teamwork ist wichtig. Es erlaubt einem, jemand anderem die Schuld zu geben. *Finagle*

Frechheit ist das Talent der **Unfähigen.** *Anonym*

Wichtigtuer sind Leute, die nie etwas Wichtiges tun. *Anonym*

Wir arbeiten alle Hand in Hand: Was der eine nicht schafft, läßt der andere liegen. *Anonym*

Bei uns ist niemand unnütz; er kann immer noch als schlechtes Beispiel dienen. *Anonym*

Und ist der Fettnapf noch so klein, irgendwer tritt doch hinein. *Anonym*

Wer den Kopf verliert, der beweist damit nicht, daß er vorher einen hatte. *Anonym*

Es gehört zum guten Ton, nicht mit vollem Mund zu sprechen, aber niemand macht sich Gedanken darüber, mit leerem Kopf zu reden. *Anonym*

Die meistbeschäftigten Leute sind nie zu beschäftigt, allen zu erzählen, wie beschäftigt sie sind.
Anonym

In jedem Büro gibt es Leute, die das gesamte Betriebsklima vermiesen: Sie sitzen einfach da und arbeiten. *Anonym*

Wenn über einen dummen Fehler endlich Gras gewachsen ist, kommt garantiert ein Kamel und frißt alles wieder runter. *Bürospruch*

Wer bei uns nicht mit der Z e i t geht, der g e h t mit der Zeit. *Bürospruch*

Wer viele Überstunden macht, dem ist auch sonst nicht zu trauen. *Bürospruch*

Hinter mancher Stirn fehlt ein Hirn. *Bürospruch*

Mancher lehnt eine gute Idee bloß deshalb ab, weil sie nicht von ihm ist. *Luis Bunuel*

Weniges auf dieser Welt verbindet so stark wie gemeinsame Abneigung gegen einen Dritten.
René Clair

Es sind wesentlich weniger Menschen auf Schlachtfeldern gestorben als durch Worte kaputtgemacht worden. *Joachim Fuchsberger*

Unsere Müdigkeit nennen wir Erschöpfung, die anderer Faulheit. *Curt Goetz*

Hinter jeder Frau, die erfolgreich werden könnte, steht mindestens eine Frau, die sie am Erfolg zu hindern versucht. *Lore Lorentz*

Es gibt immer Leute, in deren Gegenwart es nicht ratsam ist, zu bescheiden zu sein; sie nehmen einen allzugern beim Wort. *Louis Pasteur*

Man ist schlecht beraten, wenn man nur mit Leuten zusammenarbeitet, die nie widersprechen.
Ludwig Rosenberg

Je mehr menschliche Wärme einer hat, desto besser kann man ihn verheizen. *Gerhard Uhlenbruck*

Arbeit: Lust und Frust

Arbeit:
die lästige Unterbrechung der Freizeit. *Anonym*

– eines der größten Dinge auf der Welt; wir sollten uns deshalb einiges davon für morgen aufheben. *Anonym*

– eine Sucht, die wie eine Notwendigkeit aussieht. *Peter Altenberg*

– Tätigkeit, durch die A. für B. Vermögen schafft. *Ambrose Bierce*

– eine so faszinierende Sache, daß ich anderen stundenlang dabei zuschauen könnte. *Jerome K. Jerome*

– die ewige Last, ohne die alle übrigen Lasten unerträglich würden. *Klaus Mann*

– die einzige Entschuldigung für Erfolg. *Helmar Nahr*

– die Kur, bei der man sich von der Erholung erholt. *Georg Thomalla*

– ein Rauschgift, das wie ein Medikament aussieht. *Tennessee Williams*

Arbeit macht Spaß, aber wer kann schon Spaß vertragen! *Anonym*

Arbeit macht das Leben süß – aber meistens denjenigen, die sie anderen überlassen. *Anonym*

Man lernt seine Arbeit am besten schätzen, wenn man sich einmal vorstellt, was man ohne sie wäre. *Anonym*

Harte Arbeit wird am lautesten von Leuten gepriesen, die keine Schwielen an den Händen haben. *Anonym*

Müde macht uns die Arbeit, die wir liegenlassen, nicht die, die wir tun. *Anonym*

Das Elend ist, daß man den ganzen Tag mit Arbeit vertrödelt. *Bürospruch*

Wenn man eine Arbeit mag, dann ist es keine Arbeit. *Harry Angstrom*

Bei genauerem Hinsehen zeigt sich, daß Arbeit weit weniger geisttötend ist als Amüsement.

Charles Baudelaire

Sogar im Wörterbuch kommt Arbeit vor Erfolg.

Arthur Brisbane

Für die Mehrheit der Menschen ist Arbeit die einzige Zerstreuung, die sie auf die Dauer aushalten können. *Dennis Gabor*

Auf die Arbeit schimpft man nur so lange, bis man keine mehr hat. *Sinclair Lewis*

Arbeit läßt sich wie Gummi dehnen, um die Zeit auszufüllen, die für sie zur Verfügung steht.

Cyril Northcote Parkinson

Der Mensch ist nicht zur Arbeit geschaffen, sonst würde er dabei nicht so schnell müde. *Tino Rossi*

Eines der Symptome eines sich ankündigenden Nervenzusammenbruchs ist die Empfindung, daß die eigene Arbeit etwas ganz schrecklich Wichtiges ist. *Bertrand Russell*

Wen der liebe Gott einmal bei der Arbeit gesehen hat, dem besorgt er laufend neue. *Marie Schlei*

Je unwichtiger man im Organisationsplan ist, desto mehr wird man vermißt, wenn man nicht zur Arbeit erscheint. *Bill Vaughan*

Kaum zu glauben, daß sich viele Frauen nach einem Mann sehnen, der sie von ihren acht Stunden Büroarbeit erlöst, damit sie vierzehn Stunden im Haushalt arbeiten können. *Anonym*

Arbeitspensum:
was geschafft würde, wenn alle mitarbeiteten. *Michael Schiff*

Arbeitszeit:
immer kürzer werdende Unterbrechung der Freizeit. *Michael Schiff*

Arbeitszeitfrage: »Ist es schon 5 Uhr?« *Anonym*

Es gibt Zeiten, da macht Arbeiten richtig Spaß – fünf Minuten vor Schluß. *»Prisma«*

An nichts gewöhnt man sich so schnell wie an das langsame Arbeiten. *Ernst R. Hauschka*

Wer sich zu wichtig für kleine Arbeiten hält, ist meistens zu klein für wichtige Arbeiten. *Jacques Tati*

Hätte man nicht soviel Sachen zu erledigen, käme man sogar zum Arbeiten. *Raimund Vidranyi*

Es gibt zu viele, die leben, ohne zu arbeiten, und es gibt erst recht zu viele, die arbeiten, ohne zu leben. *Anonym*

Wer viel arbeitet, macht viele Fehler. Wer nicht arbeitet, macht keine Fehler. Wer keine Fehler macht, wird befördert. *Anonym*

Wer arbeitet, macht Fehler, wer viel arbeitet, macht viele Fehler; wer keine Fehler macht, muß ganz schön faul sein. *Anonym*

Wer arbeitet, ist vor dem Erfolg nie sicher. *Bürospruch*

Wer arbeitet, hat keine Zeit, Geld zu verdienen. *Bürospruch*

Keiner kann acht Stunden lang essen, keiner acht Stunden lang trinken, keiner acht Stunden lang lieben – aber acht Stunden lang ununterbrochen arbeiten, das kann man. Kein Wunder, daß die Menschen sich selbst und ihre Mitmenschen auf diese Weise kaputtmachen. *William Faulkner*

Hierzulande muß man überarbeitet wirken, um ernst genommen zu werden. *Karl Otto Pöhl*

Viele Jobs sind nichts weiter als mehr oder weniger gut bezahlte Zeitverschwendung. *Anonym*

Wenn es die letzte Minute nicht gäbe, bliebe vieles ungetan. *Anonym*

Es ist besser, über etwas, was man tun wollte, einzuschlafen, als wegen etwas, was man getan hat, wach zu liegen. *Anonym*

Freizeit ist kein Problem mehr. Dank der modernen Beförderungsmethoden verbringt man sie auf dem Weg zur und von der Arbeit. *Anonym*

Streß:
alles, was nicht Kaffeepause ist. *Anonym*

– der Bazillus, der von Unsicheren in leitenden Stellungen auf die Mitarbeiter übertragen wird. *Oliver Hassencamp*

Auch der Streß hat etwas für sich: Er gibt einem das Gefühl, daß man gebraucht wird. *Bürospruch*

Der Arbeitsplatz im Büro

Computer:
ein elektronisches Wunderwerk, das in einer zehntausendstel Sekunde die verwickeltsten Rechen- und Buchungsoperationen ausführt – und dann die Kontoauszüge mit zehn Tagen Verspätung verschickt. *Anonym*

– die neueste technische Errungenschaft zur wirksamen Verzögerung der Büroarbeit.
Cyril Northcote Parkinson

Mit seinem hochentwickelten Geist und seinen Computern kann der Mensch heute fast alle Probleme haarscharf umreißen. Nur mit dem Lösen hapert es noch. *Anonym*

Der Computer ist eine großartige Erfindung. Es passieren genauso viele Fehler wie früher. Aber niemand ist daran schuld. *Anonym*

Der Computer ist kein Wunder. Er arbeitet nur deshalb so schnell, weil er nicht denkt. *Anonym*

Das Menschliche an Computern ist ihre Gewissenlosigkeit. *Bürospruch*

Was man nicht im Kopf hat, muß man im Computer haben. *Bürospruch*

Der Computer kann alles, aber sonst nichts.
Bürospruch

Das Unsympathische an den Computern ist, daß sie nur ja oder nein sagen können, aber nicht vielleicht. *Brigitte Bardot*

Es gibt drei Möglichkeiten, eine Firma zu ruinieren: mit Frauen, das ist das Angenehmste; mit Spielen, das ist das Schnellste; mit Computern, das ist das Sicherste. *Oswald Dreyer-Eimbcke*

Wenn man bedenkt, wie viele Fehler die Computer machen, dann kann man sie als die teuersten Trottel der Welt bezeichnen. *Renzo Favalli*

Der Computer ist die logische Weiterentwicklung des Menschen: Intelligenz ohne Moral.
John Osborne

Der Computer ist die Lösung vieler Probleme, die wir ohne Computer gar nicht hätten.
Klaus-Peter Schreiner

Computer sind großartig. Mit ihnen macht man die Fehler viel schneller. *R. Sutherland*

Wenn du selbst das **Fenster** aufmachst, nennst du das lüften; wenn es jemand anders tut, sagst du, es zieht. *Anonym*

Mit einer **Klimaanlage** braucht man wenigstens nicht bis zum Winter zu warten, um sich zu erkälten. Man kann das den ganzen Sommer hindurch haben. *Anonym*

Die Klimaanlage ist häufig die einzige Einrichtung zur Verbesserung des Betriebsklimas in Großbetrieben. *Anonym*

Eine **Maschine** kann die Arbeit von fünfzig gewöhnlichen Menschen leisten, aber sie kann nicht einen einzigen außergewöhnlichen ersetzen. *Elbert Hubbard*

Wenn die Maschinen, die die Menschen so im Lauf der Zeit erfunden haben, nun auch noch funktionierten: Was wäre das für ein angenehmes Leben. *Kurt Tucholsky*

Keine Automation wird die Büroarbeit je so vereinfachen wie der **Papierkorb.** *Anonym*

Die sprichwörtliche Geduld des Papiers wird gottlob von der Geduld der Papierkörbe noch übertroffen. *Anonym*

Wer seinen **Schreibtisch** aufräumt, ist zu faul zum Suchen. *Ralph Boller*

Hat man bei einem neuen **technischen Gerät** einmal heraus, wie es funktioniert, dann dauert es nicht mehr lange, und man versteht auch die Gebrauchsanweisung. *Anonym*

Telefon:
eine Erfindung des Teufels, die die erfreuliche Möglichkeit, sich einen lästigen Menschen vom Leibe halten zu können, teilweise wieder zunichte macht. *Ambrose Bierce*

Vervielfältigung ist insofern ein Fortschritt, als sie die Verbreitung des Einfältigen ermöglicht.
Karl Kraus

Hier im Büro herrscht Ordnung – ein Griff, und die Sucherei geht los. *Bürospruch*

Immer zu wenig: das Gehalt

Merkwürdig, wie unwichtig deine Tätigkeit ist, wenn du um eine Gehaltserhöhung bittest, und wie wichtig sie wird, wenn du einen Tag freinehmen möchtest. *Anonym*

Betrachten Sie Ihr Gehalt als Anwesenheitsprämie! *Bürospruch*

Wieviel verdienen Sie eigentlich? Mehr als ich bekomme. *Bürodialog*

Die Menschen sind gleich, nur die Gehälter sind verschieden. *Brana Crncevic*

Wenn man von den Leuten Pflichten fordert und ihnen keine Rechte zugestehen will, muß man sie gut bezahlen. *Johann Wolfgang von Goethe*

Emanzipation: jener enorme Fortschritt, der Frauen erlaubt, nicht nur Kinder zu haben und den Haushalt zu versorgen, sondern auch noch das nötige Geld für die Familie zu verdienen. *Ron Kritzfeld*

Man muß das Geld nicht mit dem Hintern verdienen, sondern mit dem Kopf. *August Lenz*

Das Gesetz der Arbeit scheint äußerst ungerecht, aber es ist da, und niemand kann es ändern: Je mehr Vergnügen du an deiner Arbeit hast, desto besser wird sie bezahlt. *Mark Twain*

Je weniger Ahnung jemand hat, desto mehr Spektakel macht er und ein desto höheres Gehalt verlangt er. *Mark Twain*

Mit dem Aberglauben ist es so eine Sache. Ich habe noch keinen Menschen getroffen, der sein dreizehntes Monatsgehalt zurückgegeben hätte.
Fritz Muliar

Erfahrungen im Büro

Erfahrung:
das, was man im letzten Jahr falsch gemacht hat.
Anonym

– das, was man nicht hat, wenn man es am dringendsten braucht. *Anonym*

– der beste Lehrmeister, aber das Schulgeld ist hoch. *Thomas Carlyle*

– jener kostbare Besitz, der uns befähigt, einen Fehler sofort zu erkennen, wenn wir ihn immer wieder machen. *Danny Kaye*

– die Summe der Dummheiten, die man machen durfte, ohne sich den Hals zu brechen.
Paul Wegener

– der Name, mit dem jeder seine Dummheiten bezeichnet. *Oscar Wilde*

Erfahrung ist nicht, was dir geschieht. Sie ist, was du aus dem, was dir geschieht, machst.
Aldous Huxley

Erfahrungen:
der einzige wahre Reichtum, weil man ihn nicht verlieren, nur verschenken kann – und weil man ihn auch dann behält, wenn man ihn verschenkt.
Hans Habe

Erfahrungen, auch die schlechten, sind gut – besonders wenn ein anderer sie gemacht hat.
Martin Held

Erfahrungen sind Maßarbeit. Sie passen nur dem, der sie macht. *Carlo Levi*

Das Einzige, was man aus Erfahrungen lernen kann, ist, daß man aus Erfahrungen nichts lernt.
George Bernard Shaw

Die nützlichsten Erfahrungen, die man macht, sind die schlechten. *Thornton Wilder*

Ein Hammer verfehlt gelegentlich sein Ziel, ein Blumenstrauß nie. *Anonym*

Faulheit ist die Angewohnheit, sich auszuruhen, bevor man müde wird. *Bürospruch*

Fleiß kann man vortäuschen, faul muß man schon sein. *Bürospruch*

Am meisten freut man sich über die **Komplimente**, die man gar nicht verdient.
Michail Baryschnikow

Alles Seltene ist wertvoll: **Lob** zum Beispiel.
Anonym

Gegen Angriffe kann man sich wehren, gegen Lob ist man machtlos. *Sigmund Freud*

Nichtstun macht nur dann richtigen Spaß, wenn man eigentlich viel zu tun hat. *Bürospruch*

Die meisten **Probleme** lösen sich von selbst. Man darf sie nur nicht dabei stören. Doch: Jede Lösung bringt neue Probleme. *Anonym*

Schlamperei hat auch ihre Vorteile. Man macht dauernd aufregende Entdeckungen. *Bürospruch*

In vielen Firmen beginnt das **Sparen** – beim freundlichen Wort. *Hans-Horst Skupy*

Gewöhnlich bringen wir allem, worauf wir nicht von selbst gekommen sind, einen natürlichen **Widerstand** entgegen. *Anonym*

Guter Rat – gar nicht teuer

Wenn du willst, daß man deine Fehler bemerkt, fange an, gute Ratschläge zu geben! *Anonym*

Wer einen guten Rat von einem schlechten unterscheiden kann, braucht keinen Rat. *Anonym*

Guter Rat ist wie Schnee: Je leiser er fällt, desto länger bleibt er liegen. *Anonym*

Man spart eine Menge überflüssiger Worte, wenn man daran denkt, daß die Leute von niemandem einen Rat annehmen, außer von einem Anwalt oder Arzt, der sich dafür bezahlen läßt. *Anonym*

Von einem guten Rat zu profitieren erfordert mehr Weisheit, als ihn zu geben. *Michael Collins*

Gute Ratschläge soll man weitergeben. Einem selbst nützen sie nie etwas. *Oscar Wilde*

Es gibt viel zu tun. Fangt schon mal an! *Anonym*

Träume nicht dein Leben, lebe deinen Traum! *Anonym*

Vergib deinen Feinden – wenn du ihnen nicht anders beikommen kannst! *Anonym*

Niemals unersetzlich sein! Wer unersetzlich ist, kann nicht befördert werden. *Anonym*

Beginne nicht mit einem großen Vorsatz, sondern mit einer kleinen Tat! *Anonym*

Reden Sie nicht soviel über sich! Das tun wir schon, sobald Sie den Raum verlassen haben. *Anonym*

Beklage dich nicht über das Wetter! Würde es sich nicht immer wieder ändern, könnten neun von zehn Menschen kein Gespräch anknüpfen. *Anonym*

Wenn du glaubst, daß ein Mensch allein auf dieser Welt nicht viel auszurichten vermag, dann denk mal daran, was für eine Wirkung eine Zigarre in einer Zehnzimmerwohnung haben kann. *Anonym*

Es ist besser, geringe Taten zu vollbringen, als große zu planen. *Anonym*

Lebe dein Leben so, daß du dein Tagebuch nicht zu verstecken brauchst! *Anonym*

Wir müssen aus den Fehlern anderer lernen, denn wir leben nicht lange genug, um sie alle selbst zu machen. *Anonym*

Wenn du mir etwas Wichtiges zu erzählen hast, dann fang um Himmels willen von hinten an! *Anonym*

Irren ist menschlich, aber man sollte sich lieber eine bessere Ausrede ausdenken. *Anonym*

Ehe du vor einer schwierigen Aufgabe endgültig resignierst, solltest du dir noch ausmalen, jemand, den du nicht ausstehen kannst, habe sie bewältigt. *Anonym*

Wenn man die Leute dazu bringen will, einem zuzuhören, braucht man ihnen nur zu sagen, es handle sich um etwas Vertrauliches. *Anonym*

Ein bißchen Liebe von Mensch zu Mensch ist mehr als alle Liebe zur Menschheit. *Anonym*

Grüße jeden Idioten, er könnte morgen dein Vorgesetzter sein! *Anonym*

Man muß sich Zeit nehmen, dann hat man Zeit.
Anonym

Lächeln ist die eleganteste Art, Konkurrenten die Zähne zu zeigen. *Anonym*

Wenn das Rauchen während der Arbeit verboten ist, muß man ja nicht unbedingt arbeiten, wenn man raucht. *Anonym*

Verschiebe nie auf morgen, was du heute von anderen erledigen lassen kannst! *Anonym*

Man sollte im Leben einen Fehler niemals zweimal machen. Die Auswahl ist groß genug.
Anonym

Wenn Sie nichts tun wollen, dann tun Sie es nicht hier! *Bürospruch*

Wer schon die Übersicht verloren hat, sollte wenigstens den Mut zur Entscheidung besitzen.
Bürospruch

Vorsicht, Radfahrer, der Weg zum Chef wird täglich gebohnert! *Bürospruch*

Wird die Arbeit dir zuviel, dann spiele ein Computerspiel! *Bürospruch*

Wenn du eine helfende Hand brauchst – du findest sie am Ende deines rechten Armes. *Graffito*

Wenn du in den letzten Jahren nie deine Meinung geändert hast, dann fühle mal deinen Puls, vielleicht bist du schon tot. *Graffito*

Sei freundlich zu unfreundlichen Menschen! Sie brauchen es am meisten. *Sprichwort*

Spielen Sie nie Katz und Maus, wenn Sie eine Maus sind!
»Sunday Times Magazine«, Johannesburg

Wenn du nicht willst, daß jemand etwas davon erfährt, dann laß es sein! *Chinesisches Sprichwort*

Nehmen Sie die Menschen, wie sie sind, andere gibt's nicht. *Konrad Adenauer*

Lerne tanzen, sonst wissen die Engel im Himmel nichts mit dir anzufangen! *Augustinus*

Man sollte nie aus sich herausgehen, bevor man nicht in sich gegangen ist. *Günther Baruschke*

Unser Gesicht sollte immer der Landeplatz für den Anflug eines Lächelns sein.
Thomas Romanus Bökelmann

Leiste guten Menschen Gesellschaft, und du wirst einer von ihnen werden! *Miguel de Cervantes*

Sage nicht alles, was du weißt, aber wisse immer, was du sagst! *Matthias Claudius*

Liebe deinen Feind – es wird ihn wahnsinnig machen! *Eleanor Doan*

Sei klüger als die anderen, aber laß sie es nicht fühlen! *Philip Earl of Chesterfield*

Versuche niemals, jemanden so zu formen, wie du selbst bist. Du solltest wissen, daß einer von deiner Sorte genug ist. *Ralph Waldo Emerson*

Man muß es so einrichten, daß einem das Ziel entgegenkommt. *Theodor Fontane*

Liebe deine Feinde: Sie sagen dir deine Fehler.
Benjamin Franklin

Willst du Männer gesprächig machen, sprich von Sachen. Soll das Gespräch mit Frauen sich lohnen, sprich von Personen. *Ludwig Fulda*

Eine Gelegenheit, den Mund zu halten, sollte man nie vorübergehen lassen. *Curt Goetz*

Man muß sich vor dem Sieg über Vorgesetzte hüten. *Balthasar Gracian*

Tip für Stellungsuchende: Eine Fürsprache ist mehr wert als zwei Fremdsprachen.
Ruth Herrmann

Verzichte nie auf etwas, was du hast, solange du nichts anderes in der Hand hast! *Hertzberg*

Kritik sollte man nur dann für bare Münze nehmen, wenn sie einen als den Besten bezeichnet.
Bob Hope

Das beste Mittel gegen Schüchternheit ist eine Aufgabe, die einen so sehr in Anspruch nimmt, daß man darüber seine Ängste vergißt.
Lady Bird Johnson

Verbringe nicht die Zeit mit der Suche nach einem Hindernis. Vielleicht ist keines da.
Franz Kafka

Wer sich zum Wurm macht, soll nicht klagen, wenn er getreten wird. *Immanuel Kant*

Wenn dir das Wasser bis zum Hals steht, darfst du den Kopf nicht hängen lassen. *Gaby Köster*

Liebe deinen Nächsten wie dich selbst. Denn: Jeder ist sich selbst der Nächste. *Karl Kraus*

Es hat keinen Sinn, sich über Dinge zu ärgern, die man ändern kann. Es hat erst recht keinen Sinn, sich über Dinge zu ärgern, die man nicht ändern kann. *Robert Lembke*

Wenn du von einem Fremden etwas willst, was nur für dich von Interesse ist, so lege stets eine Briefmarke bei. *Abraham Lincoln*

Wer sich darüber beklagt, daß er nicht verstanden wird, sollte zuerst einmal prüfen, wie er sich ausdrückt. *Jean-Louis Major*

Steig niemals auf das Niveau derjenigen hinunter, die über dir stehen! *George Mallaby*

Ehe man anfängt, seine Feinde zu lieben, sollte man seine Freunde besser behandeln. *Mark Twain*

Wenn du Schuldige suchst, dann geh nicht mit geschlossenen Augen an deinem Spiegel vorüber! *Werner Mitsch*

Es ist wichtig, die Fehler zuzugeben, bevor sie einem vorgeworfen werden. *John Ogilvie*

Um ein böses Gesicht zu machen, mußt du fünfundsechzig Muskeln anstrengen, um zu lächeln, brauchst du nur zehn. Überanstrenge dich nicht! *Cyril Northcote Parkinson*

Um Menschen dazu zu bringen, daß sie einen mögen, muß man ihnen erst mal selbst Sympathie entgegenbringen. *Norman Vincent Peale*

Große Probleme sollte man in Angriff nehmen, solange sie noch klein sind. *Karl Schwarzer*

Wer seine Träume verwirklichen will, muß aus ihnen erwachen. *André Siegfried*

Man sollte die Welt so nehmen, wie sie ist, aber nicht so lasssen. *Ignazio Silone*

Man muß nicht genau wissen, was man will. Aber man muß sehr genau wissen, was man nicht will. *Dagmar Stecher-Konsalik*

Etwas auszudrücken ist – wie beim Niesen – besser, als es zurückzuhalten. *George Tabori*

Man muß die Leute an ihren Einfluß glauben lassen – Hauptsache ist, daß sie keinen haben.
Ludwig Thoma

Laß dir von keinem Fachmann imponieren, der dir erzählt: »Lieber Freund, das mache ich schon seit zwanzig Jahren so!« Man kann eine Sache auch zwanzig Jahre lang falsch machen.
Kurt Tucholsky

Man soll die Dinge nicht so tragisch nehmen, wie sie sind. *Karl Valentin*

Das Rezept für Gelassenheit ist einfach: Man darf sich nicht über Dinge aufregen, die nicht zu ändern sind. *Helen Vita*

Man sollte immer ehrlich spielen, wenn man die Trümpfe in der Hand hat. *Oscar Wilde*

Menschenkenntnis im Betrieb

Mancher faßt sich an den Kopf und greift ins Leere. *Anonym*

Manche Menschen, die eine Fliege verschlucken, haben mehr Gehirn im Magen als im Kopf. *Anonym*

Erfolg ändert den Menschen nicht, er entlarvt ihn. *Anonym*

Es gibt Menschen, die sind furchtbar einfach – und andere, die sind einfach furchtbar. *Anonym*

Das einzig Echte an manchen Menschen ist ihre Falschheit. *Anonym*

Kein Mensch hat so viele Fehler wie der Mensch, der gerade nicht da ist. *Anonym*

Nichtigkeiten geben mehr Gesprächsstoff ab, weil die meisten davon mehr verstehen als von wichtigen Dingen. *Anonym*

Wir würden uns wahrscheinlich kaum den Kopf darüber zerbrechen, was die Leute von uns denken, wenn wir wüßten, wie selten sie sich überhaupt Gedanken über uns machen. *Anonym*

Egoismus, Faulheit und Eitelkeit sind die einzigen Triebfedern im Menschen, auf die man sich immer und unbedingt verlassen kann. *Anonym*

Der Charakter eines Menschen läßt sich leicht daran erkennen, wie er mit Leuten umgeht, die nichts für ihn tun können. *Anonym*

Leute, deren Gespräch es an Tiefe fehlt, gleichen das oft durch Länge aus. *Anonym*

Bei vielen Menschen ist es bereits eine Unverschämtheit, wenn sie »ich« sagen.
Theodor W. Adorno

Kein Mensch ist der gleiche, nachdem er befördert worden ist. *William Aubrey*

Wer seinen Stuhl für ein Sprungbrett hält, liegt bald auf der Nase. *Dr. Rainer Barzel*

Mißverständnis: die häufigste Form menschlicher Kommunikation. *Peter Benary*

Denn der Mensch als Kreatur
hat von Rücksicht keine Spur. *Wilhelm Busch*

Man kann die Menschen in drei Kategorien einteilen: solche, die sich zu Tode arbeiten, solche, die sich zu Tode sorgen, und solche, die sich zu Tode langweilen. *Winston Churchill*

Viele Leute glauben, wenn sie erst einen Fehler eingestanden haben, brauchen sie ihn nicht mehr abzulegen. *Marie von Ebner-Eschenbach*

Wir sind so eitel, daß uns sogar an der Meinung der Leute, an denen uns nichts liegt, etwas gelegen ist. *Marie von Ebner-Eschenbach*

Die meisten Menschen sind allein durch ihre Existenz eine Zumutung. *Fritz Eycken*

Viele Menschen bringen es lediglich deshalb zu nichts, weil sie sich mehr um die Angelegenheiten ihrer Mitmenschen kümmern als um ihre eigenen. *Henry Ford*

Es gibt mehr Leute, die kapitulieren, als solche, die scheitern. *Henry Ford*

Man verleidet sich das Leben durch übertriebene Forderungen an sich selbst.

Johann Wolfgang von Goethe

Nach manchem Gespräch mit einem Menschen hat man das Verlangen, einen Hund zu streicheln, einem Affen zuzunicken und vor einem Elefanten den Hut zu ziehen. *Maxim Gorki*

Jeder Mensch hat seine guten Seiten. Man muß nur die schlechten umblättern. *Ernst Jünger*

Manche Menschen benützen ihre Intelligenz zum Vereinfachen, manche zum Komplizieren.

Erich Kästner

Kein Mensch ist so wichtig, wie er sich nimmt.

Immanuel Kant

Wer alle Ziele erreicht, hat sie wahrscheinlich zu niedrig angesetzt. *Herbert von Karajan*

Wer kriecht, kann nicht stolpern. *Walter Keim*

Es gibt Leute, die verstehen es so gut, aus einer schlimmen Lage das Beste zu machen, daß sie überall schlimme Lagen schaffen, um aus ihnen das Beste zu machen. *Jean Kerr*

Kleine Fehler geben wir gern zu, um den Eindruck zu erwecken, wir hätten keine großen.
François de La Rochefoucauld

Das häufigste Eigentumsdelikt: Man stiehlt einem anderen die Schau. *Jerry Lewis*

Auf tausend Menschen, die bereit sind, Großes zu tun, kommt höchstens einer, der bereit ist, Kleines zu tun – das ist der Kern des Übels.
George MacDonald

Wir mögen Menschen, die frisch heraus sagen, was sie denken. Vorausgesetzt, sie denken dasselbe wie wir. *Mark Twain*

Bei den meisten Erfolgsmenschen ist der Erfolg größer als die Menschlichkeit. *Daphne du Maurier*

In vielen Fällen erweist sich die Aufforderung »Erkenne dich selbst« als falsch. Besser, man durchschaut die anderen. *Menander*

Es wäre eine Freude zu leben, wenn jeder die Hälfte von dem täte, was er vom anderen verlangt. *José Ortega y Gasset*

Bewegung kann man auch vortäuschen, indem man noch schneller auf der Stelle tritt.

Roger Peyrefitte

Wenn ein Mensch sich nicht auf seine Chance vorbereitet hat, macht ihn seine Chance nur lächerlich. *Pablo Picasso*

Es bewährt sich, an das Gute im Menschen zu glauben, aber sich auf das Schlechte zu verlassen.

Alfred Polgar

Alles wird teurer, nur die Ausreden werden immer billiger. *Hans-Joachim Rauschenbach*

Menschen, die immer daran denken, was andere von ihnen halten, wären sehr überrascht, wenn sie wüßten, wie wenig die anderen über sie nachdenken. *Bertrand Russell*

Daß du ihn völlig durchschautest, das hat dir noch keiner verziehen, er mag noch so gut dabei weggekommen sein. *Arthur Schnitzler*

Emanzipation ist das Bestreben von Frauen, auf das Niveau von Männern herabzusteigen.

Hanns Dietrich von Seydlitz

Jeder Mensch hat ein Recht auf schlechte Laune. Man sollte das in die Verfassung aufnehmen.

Georges Simenon

Jeder Mensch macht Fehler. Das Kunststück liegt darin, sie dann zu machen, wenn keiner zuschaut.

Peter Ustinov

Der Mensch will beschäftigt sein: Wer wenig denkt, muß viel sprechen.

Marquis de Vauvenargues

Beim Klatsch kommt es nicht auf den Kern der Sache an, sondern allein auf die Einzelheiten.

Grete Weiser

Die Anzahl unserer Neider bestätigt unsere Fähigkeiten.

Oscar Wilde

Manche Leute drücken nur deshalb ein Auge zu, damit sie besser zielen können.

Billy Wilder

Er- und Bekenntnisse

Der Vollkommenheit am nächsten steht der Mensch, wenn er eine Stellenbewerbung schreibt.
Anonym

Jedes Jahr braucht man weniger Zeit, um den Ozean zu überfliegen, und mehr Zeit, um ins Büro zu kommen. *Anonym*

Die Zunge ist das einzige Werkzeug, das durch ständigen Gebrauch noch schärfer wird.
Bürospruch

Wir müssen sparen, wo es geht, koste es, was es wolle. *Bürospruch*

Wenn alle täten, was sie mich können, käme ich überhaupt nicht mehr zum Sitzen. *Bürospruch*

Wenn der eine nicht will, können zwei nicht miteinander streiten. *Spanische Weisheit*

Alle menschlichen Organe werden irgendwann einmal müde, nur die Zunge nicht.
Konrad Adenauer

Meiner Meinung nach ist es eine Schande, daß auf der Welt so viel gearbeitet wird.

William Faulkner

Die Sahara ist nicht der einzige Ort, wo alles im Sand verläuft. *Wolfgang Gruner*

Es gibt nichts Gutes, außer man tut es.

Erich Kästner

Ich kenne einen Kollegen, dessen Interesse nur dadurch zu wecken ist, daß man ihn auf eine Sache aufmerksam macht, die ihn nichts angeht.

Robert Lembke

Am liebsten sind mir Frauen, die aus dem Handgelenk Karriere machen. Schwer erträglich finde ich Frauen, die wie besessen an ihrer Karriere arbeiten und nur nebenbei eine Frau sind.

Marcello Mastroianni

Wäre ich Mediziner, ich würde jedem Patienten, der seine Arbeit für bedeutend hält, sofort Urlaub verschreiben. *Bertrand Russell*

Wer viel zu sagen hat, faßt sich kurz.

Reinhold Wolff

Offene Fragen

Anschlag in der Betriebskantine: Es freut uns, daß es Ihnen bei uns gefällt. Aber werden Sie nicht irgendwo vermißt? *Anonym*

Wie kommt es, daß am Ende des Geldes noch so viel Monat übrig bleibt? *Anonym*

Warum folgt auf die Feststellung »Es geht mich ja eigentlich nichts an« stets ein »Aber«? *Anonym*

Der Computer ist die Antwort, aber was war eigentlich die Frage? *Anonym*

Erledigst du diese Arbeit, oder soll ich sie liegenlassen? *Bürospruch*

War dieser Tag wirklich nötig? *Bürospruch*

Was kann an der Arbeit gut sein, wenn die Reichen sie den Armen überlassen? *Graffito*

Wenn ein Mann Karriere macht, fragt kein Mensch: Und was machen Sie mit Ihren Kindern? Bei Frauen fragt man das immer. Warum eigentlich? *Senta Berger*

Warum muß immer alles so gemacht werden wie früher? Wenn das konsequent geschehen wäre, säßen wir heute noch auf den Bäumen.

Erich Kästner

Warum denn sachlich, wenn's auch persönlich geht? *Anton Kuh*

Wenn man einen Menschen richtig beurteilen will, so frage man sich immer: Möchtest du den zum Vorgesetzten haben? *Kurt Tucholsky*

Nachtgebet einer Sekretärin:

»Lieber Gott, ich danke dir, daß ich den heutigen Arbeitstag ohne Nervenzusammenbruch überstanden habe. Ich bitte dich, laß mich stets unterscheiden, welcher Anrufer oder Besucher zu den Freunden, Geschäftspartnern oder Gegnern meines Chefs zu rechnen ist. Hilf mir, rechtzeitig die mir nie genannten Termine herauszufinden. Schenke mir den Charme einer Audrey Hepburn, das stets verständnisvolle Lächeln einer Mona Lisa, den majestätischen Schritt einer Sofia Loren, das universelle Wissen eines Gymnasialprofessors, die Ruhe und Ausgeglichenheit eines Asiaten! Hilf mir vor allem, seinem Charme ladylike zu begegnen! Amen.« *Anonym*

Die Deutsche Bibliothek – CIP-Einheitsaufnahme

Zitatenschatz für die perfekte Sekretärin / Ernst Günter Tange. – Frankfurt am Main : Eichborn, 2001
ISBN 3-8218-3720-9

Umschlaggestaltung: Christina Hucke
unter Verwendung einer Illustration von Philip Waechter
Vignetten: Philip Waechter
Satz: Fuldaer Verlagsagentur, Fulda
Druck: Clausen & Bosse, Leck
ISBN 3-8218-3720-9

Verlagsverzeichnis schickt gern:
Eichborn Verlag, Kaiserstr. 66, D-60329 Frankfurt am Main
www.eichborn.de